四川省地方标准

山区公路路堤与高边坡监测技术规程

Technical specifications for embankment and slope monitoring of highway in mountainous area

DB51/T 3090—2023

主编单位：四川省公路规划勘察设计研究院有限公司
　　　　　四川高速公路建设开发集团有限公司
　　　　　四川雅西高速公路有限责任公司
　　　　　中铁西北科学研究院有限公司
　　　　　招商局重庆交通科研设计院有限公司
　　　　　四川省交通建设集团股份有限公司
批准部门：四川省市场监督管理局
实施日期：2023 年 08 月 01 日

人民交通出版社股份有限公司

北　京

图书在版编目(CIP)数据

山区公路路堤与高边坡监测技术规程：DB51/T 3090—2023 / 四川省公路规划勘察设计研究院有限公司等主编. — 北京：人民交通出版社股份有限公司，2023.8
ISBN 978-7-114-18922-7

Ⅰ.①山… Ⅱ.①四… Ⅲ.①山区—公路—路堤—监测—技术规范—四川②山区—公路路基—边坡—监测—技术规范—四川 Ⅳ.①UU416.1-65②418.5-65

中国国家版本馆CIP数据核字(2023)第145550号

书　　名：	山区公路路堤与高边坡监测技术规程(DB51/T 3090—2023)
著　作　者：	四川省公路规划勘察设计研究院有限公司
	四川高速公路建设开发集团有限公司
	四川雅西高速公路有限责任公司
	中铁西北科学研究院有限公司
	招商局重庆交通科研设计院有限公司
	四川省交通建设集团股份有限公司
责任编辑：	黎小东
责任校对：	赵媛媛　魏佳宁
责任印制：	张　凯
出版发行：	人民交通出版社股份有限公司
地　　址：	(100011)北京市朝阳区安定门外外馆斜街3号
网　　址：	http://www.ccpcl.com.cn
销售电话：	(010)59757973
总　经　销：	人民交通出版社股份有限公司发行部
经　　销：	各地新华书店
印　　刷：	北京市密东印刷有限公司
开　　本：	880×1230　1/16
印　　张：	2.5
字　　数：	77千
版　　次：	2023年8月　第1版
印　　次：	2023年8月　第1次印刷
书　　号：	ISBN 978-7-114-18922-7
定　　价：	40.00元

(有印刷、装订质量问题的图书,由本公司负责调换)

DB51/T 3090—2023

目　次

前言 .... Ⅲ
1 范围 1
2 规范性引用文件 1
3 术语和定义 1
4 基本规定 2
　4.1 一般规定 2
　4.2 监测工作流程 2
　4.3 监测等级 3
5 路堤与边坡监测设计 5
　5.1 一般规定 5
　5.2 路堤监测内容及方法 5
　5.3 边坡监测内容及方法 7
　5.4 监测点网布设 8
　5.5 监测期限及频率 10
6 监测方法及技术要求 10
　6.1 一般规定 10
　6.2 现场巡检 11
　6.3 地表位移监测 11
　6.4 深部位移监测 14
　6.5 裂缝监测 14
　6.6 应力应变监测 15
　6.7 孔隙水压力监测 15
　6.8 地下水位监测 16
　6.9 环境监测 16
7 监测设备安装与运维 16
　7.1 一般规定 16
　7.2 设备安装及运行维护 17
8 数据采集与组织 21
　8.1 一般规定 21
　8.2 自动数据采集基本要求 21
　8.3 人工数据采集基本要求 22
　8.4 数据传输格式 22
　8.5 系统集成及管理 23
　8.6 数据展示与分析 23
　8.7 系统维护 23

I

9 记录报告与安全预警 ·· 24
　9.1 一般规定 ··· 24
　9.2 记录报告 ··· 24
　9.3 安全预警 ··· 26
附录 A（资料性） 变形监测记录样表 ·· 27
附录 B（资料性） 监测报表样表 ··· 28

前言

本文件按照GB/T 1.1—2020《标准化工作导则 第1部分:标准化文件的结构和起草规则》的规定起草。

请注意本文件的某些内容可能涉及专利。本文件的发布机构不承担识别专利的责任。

本文件由四川省交通运输厅提出、归口并解释。

本文件起草单位:四川省公路规划勘察设计研究院有限公司、四川高速公路建设开发集团有限公司、四川雅西高速公路有限责任公司、中铁西北科学研究院有限公司、招商局重庆交通科研设计院有限公司、四川省交通建设集团股份有限公司。

本文件主要起草人:杨雪莲、程强、魏安辉、刘天翔、邬凯、廖知勇、李永江、何斌、吴涤、王丰、郭沉稳、彭博、吴红刚、阎宗岭、王元、雷航、王万全、余建华、伍运霖、杜兆萌、陈浩、牌立芳、程晓伟、黄河、刘中帅、唐胜传。

山区公路路堤与高边坡监测技术规程

1 范围

本文件规定了山区公路路堤与高边坡监测等级划分、监测设计、监测方法、设备安装运行和维护管理、数据分析与预警等阶段的操作指示。

本文件适用于山区公路路堤与高边坡前期设计阶段监测设计，施工阶段以及后期运营阶段的监测实施。

2 规范性引用文件

下列文件中的内容通过文中的规范性引用而构成本文件必不可少的条款。其中，注日期的引用文件，仅该日期对应的版本适用于本文件；不注日期的引用文件，其最新版本（包括所有的修改单）适用于本文件。

GB 4943 信息技术设备的安全
GB/T 9361 计算机场地安全要求
GB 50026—2020 工程测量标准
GB 50167 工程摄影测量规范
CH/T 6006 时间序列InSAR地表形变监测数据处理规范
DZ/T 0286 地质灾害危险性评估规范
SL 21 降水量观测规范
T/CAGHP 101—2016 地质灾害应力应变监测技术规程

3 术语和定义

下列术语和定义适用于本文件。

3.1
公路路堤 embankment
高于原地面的填方路基。

3.2
公路边坡 slope of highway
高于路面沿着公路路线两侧人工开挖而成的边坡以及对公路安全有影响的自然斜坡。

3.3
监测点 monitoring point
布设在路堤或边坡表面、内部及周边区域，能反映出变形、应力状态、地下水或环境要素等变化特征的周期性观测点。

3.4
监测等级 grade of monitoring
根据工程自身情况、地质条件和周边环境等风险大小，对监测进行的等级划分。

3.5

监测频率　frequency of monitoring

单位时间内的监测次数。

3.6

地表位移监测　surface absolute displacement monitoring

对监测点相对于其外部的某一固定基准点三维坐标的变化进行量测的过程。

3.7

深部位移监测　deep displacement monitoring

对地表以下一定深度范围内岩土体的水平方向位移量及方向进行量测的过程。

3.8

裂缝监测　crack monitoring

对裂缝两侧岩土体的相对位置变化量及方向,包括张开或闭合、水平错动、垂直下沉等进行观测的过程。

3.9

变形监测　deformation monitoring

对岩土体的位移变化量采用相应方法进行观测的过程。

3.10

地下水监测　ground water monitoring

为查明地下水水位高程和孔隙水压力的变化而进行的监测工作。

3.11

应力监测　stress monitoring

在岩土体或支挡结构内埋设应力计,获取其应力变化的量测工作。

3.12

基本地震动峰值加速度　basic peak ground acceleration

重现期475年的Ⅱ类场地地震动峰值加速度。

4　基本规定

4.1　一般规定

4.1.1　公路路堤与边坡工程监测应根据工程特点、监测目的,确定监测对象、内容、范围和监测等级,并编制监测方案,进行监测设计。
4.1.2　监测工作应建立通畅的汇报、沟通协调、突发情况快速反应和预警预报机制。
4.1.3　监测仪器设备使用前应进行检验、标定。
4.1.4　监测单位应及时处理、分析监测数据,并将监测结果和评价及时向相关单位做信息反馈;当监测数据达到监测预警值或出现危险事故征兆时,应立即通报相关单位。
4.1.5　监测工作结束后,监测单位应编制公路边坡监测总结报告,并按档案管理规定,组卷归档。
4.1.6　有条件时宜采用自动化监测。

4.2　监测工作流程

4.2.1　开展路堤或边坡监测工作之前,应搜集、分析有关路堤或边坡工点的基础资料,及时开展现场踏勘调查工作。
4.2.2　对于需要开展监测工作的路堤和边坡工点进行地质资料搜集和分析,若地质资料不足,应及时开展补充地质勘察等工作。

4.2.3 监测工作具体实施前,应划分监测等级,进行监测设计,编写监测方案。

4.2.4 根据监测方案布设监测点网、埋设监测标识,校验仪器设备,标定元器件,安装监测仪器,建立监测档案,并利用信息平台等多种手段及时发布实时预警。

4.2.5 监测工作实施阶段,应定期按时采集监测数据,做好监测数据的记录、传输和存储。

4.2.6 监测点网布设、监测仪器运行、监测数据采集、传输通信、设备供电等存在问题时,应及时做好监测点网的调整优化和监测设备维护。

4.2.7 监测数据采集完成后,应及时进行监测数据分析、整理,并编制和提交成果报告。

4.2.8 路堤或边坡监测工作流程如图1所示。

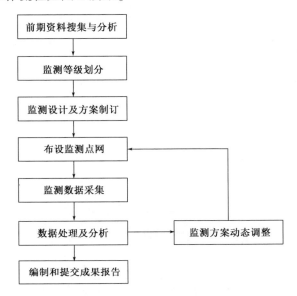

图1 监测工作流程图

4.3 监测等级

4.3.1 公路路堤与边坡监测等级应按表1划分。

表1 监测等级表

危害程度	地质环境条件复杂程度		
	复杂	中等	简单
严重	Ⅰ级	Ⅰ级	Ⅰ级
中等	Ⅰ级	Ⅱ级	Ⅱ级
轻	Ⅱ级	Ⅱ级	Ⅲ级
注1:高速公路或一级公路路堤与边坡监测等级可提高一级(最高为Ⅰ级)。			
注2:路堤或边坡影响到桥隧等重要工程结构物安全时,监测等级可提高一级(最高为Ⅰ级)。			

4.3.2 当公路路堤与边坡变形已经超过变形阈值或处于加速变形、出现险情时,监测等级应提高一级。这时应针对反映路堤或边坡变形最敏感和最直接的指标进行监测,并满足安装快速、采样及时、分析及时和汇报及时的要求。

4.3.3 对于大型边坡,因其各部分变形特征不一致,在选择监测等级时应有所区别。对于变形速率大、危害严重和对整体边坡稳定性起关键作用的部位或块体应适当提高监测等级。

4.3.4 监测等级应根据变形发展阶段和状态定期进行复核调整，满足监测的目的和任务要求。

4.3.5 公路路堤与边坡危害程度应按表2划分。

表2 路堤与边坡危害程度表

类型	高度 H(m)			危害程度
	土质边坡	二元结构边坡	岩质边坡	
边坡	$H>20$	$H>25$	$H>30$	严重
	$10<H\leq20$	$15<H\leq25$	$15<H\leq30$	中等
	$H\leq10$	$H\leq15$	$H\leq15$	轻
路堤	$H>20$			严重
	$8<H\leq20$			中等
	$H\leq8$			轻

注：在坡顶开挖线以外1.0H、路基下方1.5H范围内有建筑物、道路、地下埋藏物（燃气管道、输油管线等）、高压电塔、历史文物、水体等重要设施时，危害程度（中等、轻）可以提高一级。

4.3.6 地质环境条件复杂程度应按表3划分。

表3 地质环境条件复杂程度表

条件	类别		
	复杂	中等	简单
区域地质背景	区域地质构造条件复杂，建设场地有全新世活动断裂，基本地震动峰值加速度≥0.20g	区域地质构造条件较复杂，建设场地有全新世活动断裂，基本地震动峰值加速度为0.10g~0.20g（不含）	区域地质构造条件较简单，建设场地无全新世活动断裂，基本地震动峰值加速度<0.10g
地形地貌	地形复杂，相对高差大于200 m，地面坡度以大于25°为主，地貌类型多样	地形较简单，相对高差为50 m~200 m，地面坡度以8°~25°为主，地貌类型较单一	地形简单，相对高差小于50 m，地面坡度以小于8°为主，地貌类型单一
地层岩性和岩土工程地质性质	岩性岩相复杂多样，岩土体结构复杂，工程地质性质差	岩性岩相变化较大，岩土体结构较复杂，工程地质性质较差	岩性岩相变化小，岩土体结构较简单，工程地质性质良好
地质构造	地质构造复杂，褶皱、断裂发育，岩体破碎	地质构造较复杂，有褶皱、断裂分布，岩体较破碎	地质构造较简单，无褶皱、断裂，裂隙发育
水文地质条件	具3层以上含水层，水位年际变化大于20 m，水文地质条件不良	有2层~3层含水层，水位年际变化为5 m~20 m，水文地质条件较差	单层含水层，水位年际变化小于5 m，水文地质条件良好
地质灾害及不良地质现象	发育强烈，危害较大	发育中等，危害中等	发育弱或不发育，危害小

注1：每类条件中，地质环境条件复杂程度按"就高不就低"的原则，有一条符合条件者即为该类复杂类型。
注2：地质灾害发育程度及危害性参照《地质灾害危险性评估规范》(DZ/T 0286)。

5 路堤与边坡监测设计

5.1 一般规定

5.1.1 监测坐标系统和高程系统宜采用独立系统,并宜与工程项目坐标系统和高程系统联测。

5.1.2 公路路堤与边坡监测应采用现场巡检与仪器监测相结合的方式,仪器监测可采用现场人工监测或自动化实时监测。

5.1.3 公路路堤与边坡监测宜包括下列对象：
   a) 岩土体及地下水；
   b) 支挡结构,包括支挡墙(桩)、锚杆(索)等；
   c) 周边环境,包括邻近建(构)筑物、邻近地下管线等；
   d) 其他需要监测的对象,包括气象、水文、地震、植被变化等。

5.1.4 在满足监测精度要求的前提下,宜选用经济、实用的监测方法和手段；在经济、技术允许的条件下,可采用先进的数据采集和传输设备,提高监测精度和效率。

5.1.5 监测所使用的仪器、设备,应与监测精度要求相适应,耐久性、稳定性和可靠性应满足相关要求,且使用维修方便。监测系统中更换困难或更换成本高的设备应适当提高质量标准。

5.1.6 监测项目应综合考虑监测等级、支挡结构特点、施工工序和运营情况等合理确定。各监测项目应相互配套,并形成有效、完整的监测体系。

5.1.7 监测工作应按精准、高效的要求,布设路堤与边坡监测点网,确定监测内容和方法,采集与记录监测数据用于编写监测报告,同时,应保证监测数据准确性,监测成果具有权威性和可比性,并有利于统计和查询。

5.1.8 监测设备应设有防护措施,施工过程中应加强对各监测点的保护。

5.1.9 变形监测数据的正负号,应遵守下列规定：水平位移与边坡临空方向一致为正,反之为负；垂直位移下降为正,上升为负；裂缝张开为正,闭合为负。

5.1.10 应在综合评估边坡稳定性主控因素基础上,开展有针对性的监测方案设计。

5.1.11 监测设计方案编制前宜搜集下列资料：
   a) 水文气象资料；
   b) 周边环境资料、危险源、当地运营商网络信号强度；
   c) 岩土工程勘察报告；
   d) 设计文件；
   e) 施工方案。

5.1.12 监测设计方案宜包括下列内容：
   a) 工程概况、监测目的和任务；
   b) 监测依据、监测等级、监测范围、监测对象和监测内容；
   c) 基准点、工作基点和监测点的布设及保护(应附监测工作布置图、监测标识及监测设施施工图、地下监测点地质剖面图等)；
   d) 监测方法、监测周期、监测频率、监测精度；
   e) 监测设备及人员；
   f) 监测数据搜集、处理及分析；
   g) 监测信息反馈、监测预警及变形异常情况处置措施。

5.2 路堤监测内容及方法

5.2.1 路堤监测应按监测等级选择相应的监测内容,详见表4。

表 4 公路路堤监测内容

监测等级	地表位移	路基沉降	深部位移	裂缝开合	降雨量	地下水	温度、湿度、气压	结构物应力	视频
Ⅰ级	√	√	√	√	√	○	○	○	○
Ⅱ级	√	√	○	√	○	○	○	○	○
Ⅲ级	○	×	×	√	○	×	×	×	×
注："√"表示应测，"○"表示宜测，"×"表示选测。									

5.2.2 各级监测在实施期间均应开展现场巡检工作。
5.2.3 各监测内容对应的监测方法按表5选择，鼓励采用先进的监测方法，但需要对其可靠性和精度进行验证。

表 5 路堤监测内容及方法

监测内容	监测部位	监测指标	监测方法
地表位移	近地表或构筑物表面	水平位移量	可采用大地测量法、合成孔径雷达干涉测量（InSAR）法、全球导航卫星系统（GNSS）法[全球定位系统（GPS）、北斗卫星导航系统等]、地基雷达干涉测量法等
		垂向位移量	可采用水准测量法、静力水准测量法、GNSS法、地基雷达干涉测量法等
		倾斜量	可采用倾斜仪、倾斜盘等
路基沉降	地基及路基填料	地基及路面沉降	可采用水准测量法等
		分层沉降	可采用沉降板、沉降环等
深部位移	钻孔内	深部水平位移量	可采用钻孔倾斜仪或多点位移计等
裂缝开合	地表裂缝	裂缝的开合、错动量	可采用简易观测或裂缝计等
环境影响因素	地表	降雨量	可采用雨量计
		温度、湿度、气压	可采用温度计、湿度计、气压计进行监测，温度监测可同时进行地表和钻孔内检测
	地下	地下水	可采用孔隙水压力计、水位观测孔、测绳、万能表和水位自动记录仪进行监测
结构物	支挡结构、锚杆（索）、桩	应力、应变	应力可通过锚索测力计、钢筋计、轴力计、土压力计进行监测，应变可通过应变计进行监测
视频	地表	实时视频	利用高清摄像头，做到视频直观定性监测和仪器定量监测相结合

5.3 边坡监测内容及方法

5.3.1 边坡监测应按监测等级选择相应的监测内容,详见表6。

表6 公路边坡监测内容

监测等级	地表位移	深部位移	裂缝开合	降雨量	地下水	地声	温度、湿度、气压	结构物应力	视频
Ⅰ级	√	√	√	√	○	○	○	○	○
Ⅱ级	√	○	√	○	○	×	○	○	○
Ⅲ级	○	×	√	○	×	×	×	×	×
注:"√"表示应测,"○"表示宜测,"×"表示选测。									

5.3.2 各级监测在实施期间均应开展现场巡检工作。

5.3.3 各监测内容对应的监测方法按表7选择,鼓励采用先进的监测方法,但需要对其可靠性和精度进行验证。

表7 边坡监测内容及方法

监测内容	监测部位	监测指标	监测方法
地表位移	近地表或构筑物表面	水平位移量	可采用大地测量法、InSAR法、GNSS法(GPS、北斗卫星导航系统等)、地基雷达干涉测量法等
		垂向位移量	可采用水准测量法、静力水准测量法、GNSS法、地基雷达干涉测量法等
		倾斜量	可采用倾斜仪、倾斜盘等
深部位移	钻孔内	深部水平位移量	可采用钻孔倾斜仪或多点位移计等
裂缝开合	地表裂缝	裂缝的开合、错动量	可采用简易观测或裂缝计等
环境影响因素	地表	降雨量	可采用雨量计
		温度、湿度、气压	可采用温度计、湿度计、气压计进行监测,温度监测可同时进行地表和钻孔内检测
		地声	可采用地声仪、微震、宽频地震仪进行监测
	地下	地下水	可采用孔隙水压力计、水位观测孔、测绳、万能表和水位自动记录仪进行监测
结构物	支挡结构、锚杆(索)、桩	应力、应变	应力可通过锚索测力计、钢筋计、轴力计、土压力计进行监测,应变可通过应变计进行监测
视频	地表	实时视频	利用高清摄像头,做到视频直观定性监测和仪器定量监测相结合

5.3.4 边坡监测内容和方法应根据边坡变形发展阶段和状态进行动态调整,满足监测的目的和任务要求。

5.4 监测点网布设

5.4.1 一般规定

5.4.1.1 所有监测点应分类进行编号并设置标识牌，在平面图上标注其位置，编号不应重复，且应有一定的意义，便于识别。

5.4.1.2 监测网应由监测断面、监测点组成，应能形成点、线、面的三维立体监测体系，以全面监测变形量、变形方向及时空动态和发展趋势。

5.4.1.3 监测点网的布设应能满足监测目的和监测任务的要求，并应对照施测方案考虑多种监测方法。

5.4.1.4 监测点网布设应根据路堤与边坡监测等级、地质条件、支挡结构设计计算及施工计划等因素综合确定，监测范围应包括整个变形范围，不同监测项目的监测点宜布设在同一断面上。

5.4.1.5 监测点应布设在支挡结构设计计算位移与受力较大且能表征路堤及边坡和周边环境安全状态的关键部位。

5.4.1.6 监测点布设不应影响被监测对象的结构安全，并应减少对施工作业的不利影响。

5.4.1.7 监测标志应稳固、明显、结构合理、标识清楚，监测点位置应避开障碍物，便于观测。

5.4.2 变形监测点网布设

5.4.2.1 变形监测包括地表位移、深部位移、裂缝监测等，变形监测网由基准点、工作基点和监测点组成。

5.4.2.2 变形监测网基准点、工作基点布设应符合下列规定：
   a) 基准点应设置在监测范围之外稳固可靠的位置，数量不应少于3个；
   b) 工作基点应设置在监测范围内相对稳定和便于使用的位置，在通视条件良好、距基准点较近、监测项目较少的情况下，可直接将基准点作为工作基点；
   c) 监测期间，基准点和工作基点应定期联测，以修正工作基点的数据并检验基准点的稳定性。

5.4.2.3 变形监测点网布设应符合下列规定：
   a) 监测网形可采用"十"字形、"丰"字形、"廾"字形或"井"字形、网格形、辐射线形等多种形式；
   b) 监测断面应根据监测等级、断面长度及现场条件布设，监测等级为Ⅰ级时不宜少于3条，监测等级为Ⅱ级时不宜少于2条，监测等级为Ⅲ级时不宜少于1条；
   c) 监测断面上监测点间距应根据监测等级确定，监测等级为Ⅰ级时，监测点间距不宜大于30 m；监测等级为Ⅱ级、Ⅲ级时，监测点间距不宜大于50 m；
   d) 每条监测断面上不宜少于3个监测点，垂直位移监测点位与水平位移监测点位宜共用；不能共用时，应与水平位移监测点对应布设；
   e) 地表位移监测点宜尽量布设在能反映致灾体整体位移特点的重要块体或滑体表面；
   f) 边坡变形监测断面应穿过不同的变形地段、块体或支挡结构物；断面两端应进入稳定的岩体中；纵向断面应与变形方向一致；有两个或两个以上变形方向时，应布设相应的纵向断面；横向断面一般与纵向断面垂直，横向断面监测点宜布设于支挡结构物上；
   g) 监测断面宜充分利用勘探剖面和稳定性计算剖面，监测点布设宜尽量利用已有的钻孔、平硐、竖井等勘探工程。

5.4.2.4 支挡结构顶部位移监测断面应沿支挡线布设，监测点间距不宜大于20 m，水平和垂直位移监测点应为共用点。

5.4.2.5 深部位移每条监测断面不应少于2个监测点，监测点间距不宜大于50 m，监测点埋设深度应超过潜在破坏面5 m；深部位移监测点应布设在滑动带、软弱岩层或软弱夹层、采空区等部位，并应注意存在多层滑面时对多层滑动带的监测。

5.4.2.6 裂缝监测点布设应符合下列规定：
   a) 监测前，应对监测范围内的地表及建(构)筑物裂缝进行调查，布设监测点并统一编号，当出现新裂缝时，应及时增设监测点；
   b) 对需要观测的裂缝，每条裂缝应布设不少于3组观测点，其中一组应布设在裂缝的最宽处，另两组应布设在裂缝的起、止端；
   c) 裂缝监测应注意避免松动岩土体局部变形的影响。

5.4.2.7 监测点不要求平均布设，对下列部位应增加监测点和监测项目：
   a) 变形速率较大的地段或块体；
   b) 对稳定性起关键作用的地段或块体；
   c) 控制变形的裂缝或软弱带等。

5.4.3 应力应变监测点布设

5.4.3.1 土压力监测点竖向间距宜为3 m~5 m，宜布设在每层土中部，可预设在迎土面的支挡结构侧面。

5.4.3.2 应根据支挡设计方案，在受力最大的锚杆、锚索、支挡桩主筋、挡墙上布设监测点。应力应变监测点布设应符合下列规定：
   a) 挡墙应力应变监测点应针对工程结构布设点位，考虑坡体类型、规模大小、受力特征等因素，根据挡墙结构、类型等因素进行布设，一般布设于主应力大值分布区；
   b) 格构结构的应力应变监测点多布设于代表性地段的锚索(锚杆)上，纵断面上一般布设3个~5个监测点；
   c) 抗滑桩的钢筋计、压力传感器一般布设在受力最大、最复杂的滑动面附近；沿桩的临空面和下滑力作用面以及桩的不同高度布设压力传感器，监测下滑力和岩体的抗滑力大小及分布特征；在抗滑桩下滑力作用面的混凝土受力方向埋设钢筋计，监测最大应力值，钢筋计宜埋设在主滑面附近。

5.4.3.3 非预应力锚杆的应力监测根数不宜少于锚杆总数的3%，预应力锚索的应力监测根数不应少于锚索总数的5%，且不应少于3根，各层监测点位置在竖向上宜保持一致，每根杆体上的监测点宜布设在外锚头或锚杆主筋部位。

5.4.3.4 孔隙水压力监测点宜在水压力变化影响深度范围内按土层分布情况布设，竖向间距宜为2 m~5 m，监测点总数量不应少于3个。

5.4.4 地下水位监测点布设

5.4.4.1 地下水位监测点间距宜为20 m~50 m，数量不宜少于3个。

5.4.4.2 监测等级为Ⅰ级时，监测点间距不宜大于30 m；监测等级为Ⅱ级、Ⅲ级时，监测点间距不宜大于50 m。

5.4.4.3 边坡水文地质条件复杂处监测点应适当加密。

5.4.5 雨量监测点布设

雨量监测点布设位置应能反映变形区域及影响区域范围内的降雨情况，不宜距离被监测对象太远。

5.4.6 视频监测点布设

视频监测点应布设于周边稳定的坡体或结构物上，应能监测坡体及其威胁的结构物变形破坏情况。

5.5 监测期限及频率

5.5.1 监测期限

5.5.1.1 对于高速公路,当监测对象影响到桥梁、隧道等重要结构物安全或有其他特殊要求时,可采用长期监测。

5.5.1.2 路堤工程监测期限应根据监测等级确定,Ⅰ级监测项目监测期限宜至路堤工程交工后不少于5个水文年且至项目建成运营后不少于3个水文年,Ⅱ级监测项目监测期限宜至路堤工程交工后不少于3个水文年,Ⅲ级监测项目监测期限宜至路堤工程交工后不少于1个水文年。

5.5.1.3 边坡工程监测期限应根据监测等级确定,Ⅰ级监测项目监测期限宜至边坡工程交工后不少于3个水文年,Ⅱ级监测项目监测期限宜至边坡工程交工后不少于2个水文年,Ⅲ级监测项目监测期限可至边坡工程交工后不少于1个水文年。

5.5.1.4 Ⅰ级边坡工程宜建立长期监测系统。需长期监测的边坡在设置系统时应远近结合,对于监测元器件应采用防护栏、警示标志等进行保护。

5.5.2 监测频率

5.5.2.1 监测频率的确定应能及时、系统地反映路堤、边坡及支挡结构、周边环境的动态变化过程,宜采用定时监测,必要时应进行跟踪监测。

5.5.2.2 监测频率应综合考虑监测等级、周边环境、自然条件变化和当地经验确定。监测频率应能满足对变形发展变化趋势的及时充分掌握,避免因数据采集频率不够而影响灾害预测和预警。

5.5.2.3 监测频率一般按表8确定,当监测对象相对稳定时,可适当降低监测频率。

表8 监测频率

监测等级	旱季		雨季	
	施工阶段	交工后阶段	施工阶段	交工后阶段
Ⅰ级	1次/(1~3)d	1次/(15~30)d	1次/1d	1次/(7~15)d
Ⅱ级	1次/(2~4)d	1次/(30~60)d	1次/(2~3)d	1次/(10~30)d

注1:监测等级为Ⅲ级时,监测频率可视具体情况适当降低。
注2:宜测、选测项目的监测频率可视具体情况适当降低。
注3:采用自动监测设备时,监测频率根据仪器性能及工程需要设置。

5.5.2.4 下列特殊情况下应相应提高监测频率:
 a) 监测数据变化较大、变形速率加快,或监测对象出现险情征兆时;
 b) 连续降雨或暴雨,或水文环境突变时;
 c) 周边地区发生地震后;
 d) 相邻工程施工可能对监测对象产生扰动时;
 e) 应急处置过程中,宜采取实时监测。

6 监测方法及技术要求

6.1 一般规定

6.1.1 监测方法分为现场巡检与仪器监测。

6.1.2 仪器监测方法的选择应根据监测项目的特点、分级情况等指标按表5、表7选用,也可同时采用多种方法联合监测。

6.1.3 对同一监测项目,监测时宜符合下列规定:
a) 采用相同的观测方法和观测路线;
b) 使用同一监测仪器和设备;
c) 固定观测人员;
d) 在基本相同的环境和条件下工作。

6.1.4 监测仪器、设备和元件应符合下列规定:
a) 满足观测精度和量程的要求,且应具有良好的稳定性和可靠性;
b) 应经过校准或标定,且校核记录和标定资料齐全,并应在规定的校准有效期内使用;
c) 监测过程中应定期进行监测仪器、设备的维护保养、检测以及监测元件的检查。

6.2 现场巡检

6.2.1 现场巡检宜包括下列内容。
a) 岩土体及地下水,具体包括:
  1) 地表新裂缝、坍塌;
  2) 地表变形;
  3) 地表新的地下水出露点、水流量大小。
b) 支挡结构,具体包括:
  1) 支挡结构的裂缝情况;
  2) 支挡结构间的渗漏情况;
  3) 支挡结构后侧岩土体的裂缝、下陷或滑移情况;
  4) 地表及地下排水系统的完好、畅通情况。
c) 周边环境,具体包括:
  1) 邻近建(构)筑物变形,裂缝;
  2) 邻近地下管线区域地表异常情况。
d) 施工情况,具体包括:
  1) 分层开挖或填筑暴露时间;
  2) 边坡周边的堆载或超载情况;
  3) 边坡周边的地表积水。

6.2.2 现场巡检宜以目视为主,可辅以量尺、放大镜等工具以及摄像、摄影等手段进行,有条件时可采用无人机高空摄影作为辅助巡检手段,并应做好巡检记录。

6.2.3 现场巡检中发现的主要裂缝应统一进行编号,选取其中宽度较大、有代表性的裂缝进行监测。

6.2.4 现场巡检如发生异常情况,应与仪器监测数据进行综合分析,当存在威胁工程安全的可能时,应及时通知相关单位。

6.3 地表位移监测

6.3.1 地表位移监测对象包括水平位移量、垂向位移量、倾斜量(支挡结构物)。

6.3.2 地表水平位移监测应在基准点或工作基点上设置测站。

6.3.3 倾斜监测适用于崩塌体、桩类构造物监测,较适用于堆积体滑坡、墙类支挡结构物监测,不适用于顺层基岩滑坡或滑面近直线的土质滑坡监测。

6.3.4 交会法、极坐标法监测应符合下列规定:
a) 角交会法宜采用三点交会,交会角应为 60°～120°;边交会法的交会角应为 30°～150°;
b) 测站至监测点的距离不宜大于 300 m;

c) 交会法、极坐标法应独立观测两次,两次成果较差不应大于监测点中误差的 $\sqrt{2}$ 倍;
d) 测站宜采用有强制对中装置的观测墩,监测点可埋设安置反光镜或觇牌的强制对中装置或其他固定照准标志。

6.3.5 视准线法监测应符合下列规定。
a) 视准线法监测宜采用活动觇牌法或小角度法。
b) 采用活动觇牌法监测时,应在监测前对觇牌的零位差进行测定,监测点偏离视准线的距离不应大于 2 cm;采用小角度法监测时,角度不应大于 30′。
c) 视准线测量可选用活动觇牌法或小角度法;当采用活动觇牌法观测时,监测精度宜为视准线长度的 1/100000;当采用小角度法观测时,监测精度应按式(1)估算。

$$m_s = m_\beta L/\rho \qquad\qquad\qquad\qquad (1)$$

式中:m_s ——位移中误差,单位为毫米(mm);
　　m_β ——测角中误差,单位为秒(″);
　　L ——视准线长度,单位为毫米(mm);
　　ρ ——常数,其值为 206265″。

d) 两个测站点之间的距离不宜大于 300 m。
e) 基准点、校核基准点和变形观测点应采用有强制对中装置的观测墩。

6.3.6 地表 GNSS 法适用于堆积体滑坡、土质边坡等变形时间较长、适应变形大、精度要求不高的边坡地表位移监测,对崩塌等突发性强、适应变形小、精度要求高的边坡适用性差。GNSS 法监测应采用双频接收机,并应按静态进行观测,观测技术要求应符合下列规定:
a) 在监测点高度角 15°以上范围内不应有遮挡物,监测点 50 m 范围内不应有干扰接收卫星信号的干扰源,且 100 m 范围内不应有反射 GNSS 卫星信号的物体;
b) 每次监测时,同一基准点和监测点应使用同一台 GNSS 接收机和天线;
c) GNSS 接收机天线的水准器应居中,天线相位中心高度应量取两次,两次较差不应大于 1 mm;
d) 监测前,应做好星历预报,监测时间应选取最佳监测时段。

6.3.7 全站仪自动化测量监测应符合下列规定:
a) 测站应设立在基准点或工作基点上,并应采用有强制对中装置的观测台或观测墩;测站视野应开阔无遮挡,周围应设立安全警示标志,并应配置防水、防尘设施;
b) 水平角观测和距离测量技术要求应符合表 9 的规定;根据具体情况,测边可采取不同时间段代替往返观测;

表 9 全站仪自动化测量的主要技术要求

等级	仪器精度等级	每边测回数		一测回读数较差(mm)	单程各测回较差(mm)	气象数据测定的最小度数		往返较差(mm)
		往	返			温度(℃)	气压(kPa)	
一等	1 mm 级仪器	4	4	≤1	≤1.5	0.2	5	≤2(a+b×D)
二等	2 mm 级仪器	3	3	≤3	≤4			
三等	3 mm 级仪器	2	2	≤5	≤7			
四等	10 mm 级仪器	4	—	≤8	≤10			

注 1:一测回是全站仪盘左、盘右各测量一次的过程。
注 2:测距往返较差由经加、乘常数改正且归化至同一高程面的平距计算;计算时,a、b 分别为相应等级所使用仪器标称的固定误差和比例误差系数,D 为测量斜距(km)。
注 3:测量斜距是在经气象改正和仪器的加、乘常数改正后进行的水平距离计算。

c) 监测点上宜安装观测棱镜，也可采用反射片；
d) 数据通信电缆宜采用光纤或专用数据电缆，连接处应采取绝缘和防水措施；
e) 测站和数据终端设备应备有不间断电源；
f) 数据处理软件应具有观测数据自动检核、超限数据自动处理、不合格数据自动重测功能，观测目标被遮挡时可自动延时观测。

6.3.8 摄影测量法监测应符合下列规定：
a) 应根据监测体的变形特点、监测规模和精度要求选择作业方法，可采用时间基线视差法、立体摄影测量方法或实时数字摄影测量方法等；
b) 监测点的标志可采用十字形或同心圆形，标志的颜色应使影像与标志背景色有反差；
c) 像控点应布设在监测体的四周，监测体的景深大于 100 m 时，应在景深范围内均匀布设；像控点的点位精度不宜低于监测体监测精度的 1/3；当采用直接线性变换法解算待定点时，一个像对宜布设 6 个～9 个控制点；当采用时间基线视差法时，一个像对宜布设 4 个以上控制点；
d) 摄影站应设置固定观测墩，对于长方形的监测体，摄影站应布设在与物体长轴平行的一条直线上，并应使摄影主光轴垂直于被摄物体的主立面；对于圆柱形外表的监测体，摄影站可均匀布设在与物体中轴线等距的周围；
e) 多像对摄影时，应在像对间布设起连接作用的标志点；
f) 摄影测量应符合《工程摄影测量规范》(GB 50167)的有关规定。

6.3.9 合成孔径雷达干涉测量(InSAR)可对地表面积大于 1 km² 的滑坡进行变形监测，使用前应进行设备测量精度验证，在植被覆盖茂盛区宜设置角反射器进行监测。相关技术要求应符合《时间序列 InSAR 地表形变监测数据处理规范》(CH/T 6006)的相关规定。

6.3.10 机载激光雷达测量(LiDAR)适用于获取地表形态、裂缝等变形信息，成果应进行外业实测检查，并应符合下列规定：
a) 检查样本间距不应大于 30 km，且不应少于 2 个，当工程项目为线状时，检查样本间距可放宽至 1.5 倍；
b) 对于不同投影带的成果，每个投影带中应至少有 1 个检查样本；
c) 每个检查样本的检查点数不应少于 30 个，宜包含不同类别的地形、地物，高程中误差应符合表 10 的规定。

表10 机载激光雷达测量高程中误差

单位为米

地形类别	比例尺		
	1:500	1:1000	1:2000
平坦地	0.15	0.2	0.3
丘陵地	0.3	0.4	0.4
山地	0.4	0.6	1.0
高山地	0.6	1.2	1.2
注：隐蔽或困难地区可放宽 50%。			

6.3.11 地基雷达干涉测量作业应符合下列规定：
a) 应以雷达波束中心线为参考设计雷达测量视角，并应将主要监测目标置于雷达波束最优辐射区域内，目标主变形方向和雷达视线夹角不宜超过 60°；
b) 雷达设备启动后应进行预热，并应舍弃初始 5 景～10 景影像；

c) 应选择雷达波束辐射范围内稳定区域作为主要变形区域变形计算的参考基准；
d) 测区目标应具有后向散射能力；当回波信号强度整体较弱时，可布设人工角反射器等协作目标，角反射器大小应根据雷达分辨能力综合确定；
e) 连续性准实时变形监测系统设计时，应加快高相干点目标选取和干涉处理的速度；
f) 地基雷达干涉测量分析处理影像数据提取变形时，应符合《工程测量标准》（GB 50026—2020）第 10.4.19 条中第 3 款的相关规定。

6.3.12 图像与视频监测设备可为视频图像采集传输一体化设备，也可为摄像头、采集传输分离式监测设备，设备精度要求应符合下列规定：
a) 分辨率应大于或等于 1280×720；
b) 最低照度要求应满足：彩色模式小于或等于 0.1 lx，黑白模式≤0.01 lx；
c) 宽动态能力应大于 100 dB。

6.4 深部位移监测

6.4.1 钻孔测斜仪和多点位移计适用于滑坡类边坡或路堤监测，且深层位移监测点应布设在应力最大地段，并宜选择断面布设。

6.4.2 钻孔测斜仪监测宜符合下列规定：
a) 深层位移监测宜埋设测斜管，使用测斜仪采集数据；
b) 测斜仪的系统精度不宜低于 0.25 mm/m，分辨率不应低于 0.02 mm/500 mm；
c) 测斜管底部稳定时，宜以测斜管底部为起算点；测斜管底部不稳定时，宜以测斜管顶部为起算点；每次监测时，宜测量顶部坐标的变化，并应进行修正；
d) 测斜管的一对导槽连线方向宜与位移方向一致，测斜仪应沿测斜管导槽下放至测斜管底部，宜间隔 0.5 m～1.0 m 测量 1 个数据；
e) 第一次测量完成后，宜将测斜仪反转 180° 进行第二次测量，两次测量的各监测点位置宜一致，两次测量应作为一测回，每次监测宜测量二测回，监测成果宜取平均值。

6.4.3 多点位移计监测宜符合下列规定：
a) 多点位移计由锚头、测杆、聚氯乙烯（PVC）保护管、过渡管和安装基座组成；
b) 杆式位移计用于直径为 75 mm～110 mm 的钻孔；若采用测头外置式安装，孔口 0.5 m 段直径不小于 110 mm；若采用测头埋入式安装，孔口 1 m～1.4 m 段直径不小于 170 mm；
c) 灌浆套管需采用 PVC 管，管口周围用水泥砂浆或环氧锚固剂锚固，套管外侧应与孔口平齐，灌浆压力应小于或等于 0.5 MPa，若向上灌浆，则压力可根据孔深适当增大；
d) 每隔 30 min 测 1 次初始读数，以连续 3 次所读数值差小于 1%F·S 为准。

6.5 裂缝监测

6.5.1 裂缝简易观测施工速度快，成本低，表现直观，在应急监测初期可有效监测边坡变形。主要包括以下两种：
a) 在裂缝两侧或滑面上下采用钢筋打桩、浇筑混凝土墩，水平和竖向安装正交钢尺监测其变形情况；
b) 在已开裂的结构物或刚性物体上粘贴玻璃片、涂抹砂浆等刚性易碎物体，监测其变形情况。

6.5.2 裂缝监测内容应包括裂缝位置、走向、长度、宽度及深度，并应符合下列规定：
a) 地表裂缝监测，应进行相对位移监测；
b) 裂缝监测周期宜每月不少于 1 次，当裂缝出现变化时，应加密监测次数；
c) 裂缝长度和宽度可采用钢尺或裂缝计直接量测，也可采用 GNSS 法或全站仪对边测量；
d) 裂缝深度监测可采用超声波法；

e) 应掌握地表主裂缝宽度、张开、闭合、位错等变化情况,可采用伸缩仪、位错计或简易观测桩等人工或自动观测方法,观测精度为 0.1 mm ~ 1.0 mm;

f) 单向机械测缝标点和三向弯板式测缝标点,通常直接用游标卡尺或千分卡尺量测;单向机械测缝标点也可用固定百分表或千分表量测;平面三点式测缝标点宜用专用游标卡尺量测;机械测缝标点每测次均应进行两次量测,两次观测值之差不应大于 0.2 mm;

g) 裂缝观测应符合工程精度要求,当直接量测标志间宽度时,可采用比例尺、楔形尺和游标卡尺等进行量测,读数应读至 0.2 mm,两次读数误差不应大于 0.5 mm;

h) 采用光纤光栅传感器时,传感器宜安置在监测体表面变形敏感区域,也可埋设在监测体内部;传感器的量测方向应与监测体的变形方向一致,量程宜为预计最大变形值的 1.2 倍。

6.6 应力应变监测

6.6.1 路堤与边坡应力应变监测应符合下列规定:

a) 应力监测应包括土压力、岩石应力和滑坡推力监测;
b) 土压力监测应包括灾害体的垂直土压力、水平土压力监测;
c) 岩石应力监测应在原地应力测量基础上,组建地应力实时监测系统,采用三分量或四分量地应力计传感器监测地应力变化情况;
d) 滑坡推力监测应包括分段滑带层位应力变化,提供全孔段受力随时间变化曲线,确定滑带层受力情况;
e) 应变监测应包括应变及其随时间的变化情况。

6.6.2 防治工程结构应力应变监测内容应根据工程类型、应力应变机制等确定,并应符合下列规定:

a) 挡墙工程监测应包括挡墙工程的垂直和水平应力应变,对于薄壁式挡墙工程,监测内容还应包括结构钢筋应力应变;
b) 格构工程应监测预应力锚索(锚杆)的轴力,必要时宜监测格构梁钢筋的应力应变;
c) 抗滑桩工程监测应包括钢筋应力、锚索-抗滑桩的锚索轴力等,必要时宜监测抗滑桩受力侧的土压力。

6.6.3 锚索应力监测宜采用锚索测力计,锚杆和支挡桩应力监测宜采用钢筋计;测力计和钢筋计量程不宜小于对应设计值的 2 倍,量测精度不宜低于 0.5%F·S,分辨率不宜低于 0.2%F·S。

6.6.4 土压力计的量程应满足被测压力的要求,其上限宜为设计压力或推测压力的 2 倍。土压力测量精度不低于 0.5%F·S;土压力测量分辨率不低于 0.2%F·S。

6.6.5 光纤光栅土压力/应变传感器的精度应满足实际需求,量程上限宜为设计值或推测值的 2 倍;光纤光栅土压力/应变传感器精度不低于 1‰F·S;光纤光栅土压力/应变传感器分辨率不低于 0.5%F·S;光纤光栅土压力/应变传感器的光栅中心波长为 1525 nm ~ 1565 nm;光纤光栅监测解调仪解调精度不低于 $\pm 5 \times 10^{-12}$ m;光纤光栅监测解调仪动态范围大于 50 dB。

6.6.6 钢筋计应进行预安装,应与支挡桩的钢筋或锚杆焊接,并应采取保护措施。

6.6.7 应使用读数仪进行两次读数,并取平均值作为监测数据。

6.7 孔隙水压力监测

6.7.1 孔隙水压力监测点的布设视坡体具体情况确定,一般原则是将多个仪器分别埋于不同观测点的不同深度处,形成一个观察剖面,以观察孔隙水压力的空间分布。

6.7.2 黏土饱和度低于 95% 时,宜选用带有细孔陶瓷滤水石的高进气压力孔隙水压力计。

6.7.3 孔隙水压力计埋设前,应浸水饱和 24 h,排除透水石中的气泡;应以提至水面测量零压状态下的读数作为基准值,并核查标定数据,记录探头编号,测读初始读数。

6.7.4 孔隙水压力观测可采用钢弦式孔隙水压力计、压阻式孔隙水压力计等。量程应满足被测压力范围的要求，可取静水压力与超孔隙水压力之和的 2 倍，钢弦式孔隙水压力计的灵敏度宜为 0.1%F·S，观测精度应为 0.25%F·S；压阻式孔隙水压力计的灵敏度宜为 0.01%～0.03%F·S，观测精度应为 0.5%F·S。

6.7.5 孔隙水压力计埋设后应测量初始值，且宜逐日量测 1 周以上并取得稳定初始值。

6.7.6 应在孔隙水压力监测的同时测量孔隙水压力计埋设位置附近的地下水位。

6.8 地下水位监测

6.8.1 地下水位监测孔的布设，应控制监测对象监测范围内的地下水分布。

6.8.2 地下水位监测应符合下列规定：
 a) 水位监测宜采用水位井或水位孔，水位井或水位孔的深度应低于最低水位线 2 m；
 b) 地下水位观测可采用测绳、万能表和水位自动记录仪，观测精度要求误差不应超过 ±3 mm；
 c) 水位监测应从固定点量起，并应将读数换算成水位埋深及高程；
 d) 采用测绳测量水位前，应对其伸缩性进行校核，并应消除误差；
 e) 采用水位计测量时，应检查传感器的导线和测量用导线连接是否可靠，连接处应采用绝缘胶带仔细包扎，并应检查电源、音响及灯显装置是否正常，测量用导线应做好长度尺寸标记；
 f) 必要时应定期采集地下水样，进行水质分析；
 g) 水位管宜在预降水前至少 1 周埋设，并逐日连续观测水位取得稳定初始值；
 h) 潜水水位管直径不宜小于 50 mm，饱和软土等渗透性小的土层水位管直径不宜小于 70 m，滤管长度应满足量测要求。

6.8.3 地下水水位监测精度应符合下列规定：
 a) 水位监测数值应以米为单位，并应测记至小数点后三位；
 b) 人工监测水位时，同一测次应量测两次，间隔时间不应少于 1 min，并应取两次水位的平均值作为监测结果，两次测量允许偏差应小于 10 mm；
 c) 自动监测水位仪量测精度不宜低于 10 mm；
 d) 每次测量结果应当场核查，出现异常时应及时补测。

6.8.4 地下水位监测应分层观测，水位管的滤管位置和长度应与被测含水层的位置和厚度一致，被测含水层与其他含水层应采取有效的封隔措施。

6.9 环境监测

6.9.1 环境监测项目应根据监测对象的特点、重要性等级、施工现场等情况进行综合确定，监测内容包括气象、水文、地震、植被变化等。

6.9.2 环境监测项目主要包括降水量、温湿度等，可采用雨量计、温湿度计进行监测，监测成果可作为公路路基边坡变形监测、应力应变监测等的数据支撑。

6.9.3 环境监测具有区域性，应根据监测对象地形地貌条件充分考虑监测方法。

7 监测设备安装与运维

7.1 一般规定

7.1.1 监测仪器设备安装前应进行校正、标定和测试，正常时方可安装使用。

7.1.2 仪器设备安装应按照仪器设备说明书的流程和要求执行；安装完成后应进行系统测试，正常时方能投入监测使用。

7.1.3 仪器设备安装、测试过程应进行详细记录，包含但不限于设备安装位置、前段感知设备 ID 编号、采集仪 ID 编号、物联网卡号、传输设备 ID 编号、安装过程影像资料等。

7.2 设备安装及运行维护

7.2.1 全站仪的使用及保养应符合下列规定：
  a) 架起脚架（脚架中心尽量对准测站点；脚架高度适合测量员身高）；
  b) 安装固定仪器（观看光学对中器，调整脚架方位使对中器中心圆圈对准测站点）；
  c) 调整脚架高度，使圆水准器气泡居中（粗平）；
  d) 调整螺旋按钮，使管水准器气泡居中（精平）；
  e) 全站仪应有专人按要求负责保管，并定期对仪器进行检查检测。

7.2.2 地表位移选用北斗（或 GPS 等）进行水平位移观测时应采用静态测量模式，并应符合下列规定：
  a) 新购置的接收设备应进行全面检验后方可使用，检验内容包括一般检查、常规检查、通电检验和实测检验；
  b) 作业参数要求，有效观测卫星数≥4，卫星截止高度角≥15°，观测时段长度≥20 min，数据采样间隔 10 min～4 h，位置精度强弱度（PDOP）≤6；
  c) 应采用零相位天线，削弱多路径误差，对中误差不应大于 0.5 mm；
  d) GNSS 天线安装应在圆锥状 45°内无遮挡区域；
  e) 观测期间，应防止接收设备振动，并应防止人员和其他物体碰动天线或阻挡信号；
  f) 观测期间，不应在天线附近使用电台、对讲机等无线通信设备；
  g) 观测过程中，不应关闭重启、改变卫星截止高度角、数据采样间隔、天线位置，按动关闭文件和删除文件功能键等。

7.2.3 InSAR 角反射器安装应符合下列规定：
  a) 底座应采用钢筋混凝土进行浇筑，可在底座表面浇筑一块铁板以保证底座的平整，底座不宜设计过高，以适合安装和测量为宜；
  b) 调整角反射器方位角时，先用指南针定出磁子午线方向，再用垂线投影出角反射器的方向，后用量角器量算调整；
  c) 确定角反射器的俯仰角之前应保证其水平棱边水平；
  d) 调整好之后的角反射器即可固定并进行观测，角反射器的固定在确保其位置适宜的情况下可锁死或焊死，或在关键位置喷涂标识漆，以便今后观察其位置是否松动，若松动可按漆的喷涂位置使其复原。

7.2.4 机载激光雷达的维护及运输应符合下列规定：
  a) 设备开启前应检查光学元件是否清洁，设备使用完后应检查光学仪器是否受到污染；
  b) 设备在恶劣条件下累计工作 100 h 后，应对光学元件进行彻底清理；
  c) 清理时应采用光学级别的无水乙醇、光学镜头纸和橡胶气吹，同时须戴上手套，擦拭应以转圈的方式从内向外擦拭；
  d) 设备存储环境应保持干燥清洁，温度应为 -20 ℃～70 ℃；
  e) 仪器在运输中应防止碰撞，并尽量减少搬运距离；
  f) 仪器应每 0.5 年～1 年返厂检修一次。

7.2.5 裂缝监测安装运行维护原则如下：
  a) 裂缝监测点应埋设监测墩，监测墩应具有可供量测的端点或中心；
  b) 裂缝应分条进行编号，编号宜依据边坡平台位置、滑坡位置、条数等进行条理性编号；
  c) 每条裂缝的两端、拐弯、中部和最宽处的两侧，应设立成对观测标志并编号；
  d) 各对监测点两点的连线应垂直于裂缝；

e) 测点应布设在裂缝两侧稳定位置；裂缝监测点位置应采用油漆等明显标识进行标画，并将编号标示于裂缝位置处；

f) 对于高边坡平台位置裂缝，宜采用铁钉等固定于稳定位置；对于坡面、滑坡地表等，宜采用埋设测量桩等固定于稳定位置。

7.2.6 深部位移监测安装、运行、维护原则如下。

a) 测斜管安装要求如下：

1) 测斜管宜采用 PVC、丙烯腈-丁二烯-苯乙烯（ABS）工程塑料管或铝合金管，直径宜为 70 mm～90 mm，内壁开有双向互成 90°的导槽；测斜管内壁应平整圆滑，导槽不应有裂纹、结瘤；

2) 钻孔定位偏差不宜大于 20 mm，钻孔直径不小于 150 mm（或 110 mm），钻孔深度超过稳定地层不小于 5 m，倾斜度小于 1°；应做好钻进情况记录及绘制地质柱状图，钻到预定位置后，用清水清孔，直至泥浆水变成清水为止；

3) 测斜管埋设前，应对钻孔孔口高程、深度、孔内地下水位、有无塌孔以及测斜管加工质量、测斜管各段长度、接头、管帽等进行细致检查并做好记录、存档；

4) 测斜管管内有 2 组相互垂直的纵向导槽，安装时应及时检查测斜管内导槽方向，确保测斜管其中一组导槽平行于边坡坡面的倾向方向，当监测对象为滑坡体时，应使测斜管其中一组导槽平行于滑坡的主滑动方向；

5) 测斜管连接时，应保证上、下管段的导槽相互对准顺畅，并应保证各段测斜管垂直度偏差不大于 1°；

6) 应将测斜管底封闭，每节测斜管接头处应密封，以防泥浆或流沙渗入，堵塞测斜管；

7) 孔壁回填，回填料应与孔周介质相符，且满足反滤及密实要求；钻孔回填料通常采用粗砂，回填时应保证填充质量，可采用适量冲水加以密实；当地下水位较高，回填受阻时，可采用水泥浆液灌注回填；

8) 测斜管埋设钻孔回填密实到孔口后，应设置管口保护装置，待回填砂密实后（一般为 5 d～7 d），才可测读初始数据；

9) 管口保护装置可采用管帽、混凝土预制件、现浇混凝土或砖石砌筑，以能防止人畜破坏，但结构要力求简单、牢固，并能便于锁闭与开启；

10) 钻孔机械应考虑钻孔通过的岩层类型、成孔条件、施工现场环境、地形条件、经济性和施工速度等因素进行选择；在不稳定地层中或地层受扰动导致水土流失会危及邻近建筑物或公用设施的稳定时，应采用套管护壁钻孔或干钻。

b) 边坡深部位移监测测斜仪精度要求：系统总体误差不超过 ±5 mm/15 m；对于岩质边坡分辨率不应低于 0.50 mm，对于土质边坡分辨率不应低于 1.00 mm。

7.2.7 应力应变监测安装、运行、维护原则如下。

a) 具有实时监测需要的地质灾害应力应变监测工作，应制定专门的运行与维护制度。

b) 仪器和传感器的运行环境应满足下列要求：

1) 环境温度应为 –20 ℃～70 ℃；

2) 环境相对湿度应为 0～95%；

3) 大气压力应为 80 kPa～110 kPa；

4) 场地安全要求应符合《计算机场地安全要求》（GB/T 9361）中 B 级安全规定；

5) 监测装置安全要求应符合《信息技术设备的安全》（GB 4943）的相关规定；

6) 应自带锂电池、太阳能电池板或使用 220 V 交流适配器（输出直流为 9 V～16 V），工作电源应满足检测要求。

c) 地质灾害应力应变监测系统的维护应包括下列内容：

1) 硬件设施维护,包括仪器各模块测试、仪器校正、传感器标定和供电设施维护;
2) 软件的更新与维护,包括参数设置、显示、存储的正确性,系统版本的升级,系统漏洞的修复和增装系统补丁;
3) 每周应至少开展一次监测进展、仪器设备运转的现场巡视检查;
4) 每月应至少开展一次设备运行状态检测;
5) 每年应至少开展一次硬件和软件全面检测。

d) 锚索测力计安装要求如下:
1) 锚索测力计与垫板之间应光滑平整;
2) 锚索测力计与锚索垫板面应与锚索孔轴线垂直;
3) 锚索测力计和钢筋计的量程宜为对应设计值的2倍,量测精度不宜低于0.5%F·S,分辨率不宜低于0.2%F·S;
4) 安装时应使锚索测力计安装基面与钻孔方向垂直,垂直偏差不应大于±1.5°;
5) 锚索测力计应置于锚板与锚垫板之间,并使三者同轴;连接电缆过长时,应在一端将电缆屏蔽线接地;
6) 锚索测力计接线;
7) 锚索测力计安装就位后,应在加载前读取并记录初始读数。

e) 钢筋计应进行预安装,应与支挡桩的钢筋或锚杆焊接或螺栓连接,并应采取保护措施;钢筋应力计安装埋设应满足下列要求:
1) 钢筋应力计的安装应采用焊接的方式,双面焊的搭接长度为10d(d为主筋直径),单面焊的搭接长度为20d;
2) 焊接过程中,钢筋应力计温度不应高于60 ℃,宜采用在钢筋应力计部位包棉纱浇水冷却的方法降低温度;
3) 将锚杆应力计按设计深度与裁截的锚杆对接,同时安装好排气管;
4) 组装检测合格后,将组装的监测锚杆缓慢地送入钻孔内,同时应确保锚杆应力计不产生弯曲,电缆和排气管不受损坏,锚杆根部应与孔口平齐;
5) 钢筋应力计入孔后应引出电缆和排气管,安装好灌浆管,用水泥砂浆封闭孔口;
6) 安装检测合格后,进行灌浆埋设,灌浆应在设计规定的压力下进行,灌至孔内停止吸浆,持续10 min后结束;
7) 砂浆固化后,测其初始值。

7.2.8 孔隙水压力计安装应符合下列规定。

a) 孔隙水压力计埋设方法宜采用钻孔埋设法、坑式埋设法。
b) 孔隙水压力计应在边坡施工前7 d~10 d进行埋设。
c) 钻孔埋设法应满足下列要求:
1) 钻孔直径宜为110 mm~130 mm,钻孔应竖直,孔内应无沉淤和稠浆;钻孔过程中不应采用泥浆固壁;
2) 孔隙水压力计的连接电缆应用软管套护,并采用铅丝与测头相连;
3) 最底部孔隙水压力计埋设高程应高于孔底50 cm,埋设时先向孔内注入约30 cm深的中粗砂,用尼龙绳或铅丝等将孔隙水压力计测头徐徐放入孔内,至测点预定高程,向孔内注入约40 cm深的中粗砂;向孔内注入泥球封孔,并用测绳不断测量孔内泥球表面深度;当泥球封孔至第二支仪器埋设高程以下50 cm时,按上述方法埋设第二支孔隙水压力计;按相同方法依次埋设第三支以上孔隙水压力计;
4) 封孔段长度应符合设计规定,回填料、封孔料应分段捣实;

5) 孔隙水压力计埋设与封孔过程中,应随时进行检测,严禁损坏仪器测头与连接电缆,一旦发现应及时处理或重新埋设。

d) 坑式埋设法应满足下列要求:
1) 采用砂包裹体的方法,将孔隙水压力计在坑内就地埋设;砂包裹体由中粗砂组成,并用水饱和,然后采用薄层铺料、专门压实的方法,按设计回填原开挖料;
2) 埋设后的孔隙水压力计,仪器以上的填方安全覆盖厚度不应小于 1 m;
3) 孔隙水压力计的连接电缆宜沿坡面开挖沟槽敷设,当横穿防渗体敷设时,应加阻水环,连接电缆的敷设还应符合下列规定:连接电缆在敷设时应留有裕度,并不得相互交绕,敷设裕度依敷设的介质材料、位置、高程而定,一般为敷设长度的 5%~10%;连接电缆、水管以上的填方安全覆盖厚度,在黏性土填方中不应小于 0.5 m,在堆石填方中不应小于 1.0 m。

7.2.9 光纤光栅应变传感器安装应符合下列规定:
a) 光纤光栅应变传感器的安装宜采用表贴法,安装方向应与预判应变走向垂直,并保证与灾害体紧密耦合;
b) 传输光纤续接时,光纤接头应相互匹配,每单点接头的续接损耗应小于 0.5 dB,接头保护后抗拉强度不小于 100 N;
c) 传输光纤宜选用具有保护措施的 G.652 通信用单模光纤,内埋引线光缆全程应采取套管保护,过弯半径应大于 50 mm;
d) 光纤光栅应变传感器安装过程中应利用光纤光栅解调仪观察应变传感器数据变化,以保证安装的有效性;
e) 光纤光栅应变传感器需要配有温度补偿测量,可采用内置自由光纤光栅补偿,或在同位置埋设光纤光栅温度计进行补偿,温度补偿计算参见《地质灾害应力应变监测技术规程》(T/CAGHP 101—2016)中 10.2.3.4 的相关规定;
f) 光纤光栅应变传感器可以进行串联测量,要求同一支路上各传感点间的光纤光栅波长差要大于 3 nm,波长能量最大差要小于 10 dB;
g) 安置光纤光栅解调器应与传感器和计算机连接;光缆连接应满足设计要求,并应采取保护措施,避免折损;
h) 解调器不宜满负荷工作,应预留多个的传感器接口;
i) 宜使用固定 IP 地址网络服务器传输数据。

7.2.10 土压力计(盒)埋设应符合下列规定。
a) 土压力计(盒)埋设之前,应对土压力计(盒)装置进行密封性检验和标定。
b) 土压力计(盒)埋设宜采用埋入式或边界式,埋设时应满足下列要求:
1) 受力面应与监测压力方向垂直;
2) 安装埋设采用埋入式时,填充料回填应均匀密实,且回填材料须与周围岩土体保持一致;当采用边界式时,可采用焊接固定法、挂布法、气囊法等;
3) 连接电缆宜集中于数据采集箱内,并编制安装记录。
c) 土压力计埋设后应进行检验性测试,经 1 周时间观测,读数基本稳定后,取 3 次稳定值的平均值作为初始土压力值。

7.2.11 地下水监测水位管的安装应符合下列规定:
a) 水位管的导管段应顺直,内壁应光滑无阻,接头应采用外箍接头;
b) 观测孔孔底应设置沉淀管;
c) 观测孔完成后应进行洗孔,观测孔内水位应与地层水位保持一致,且连通性良好;
d) 水位观测管管底埋置深度应在最低设计水位或允许地下水位之下 3 m~5 m。

7.2.12 雨量监测宜采用雨量计,并应符合下列规定:

a) 雨量监测点宜布设在场地平坦、四周空旷的位置,场地周围应设置保护仪器设备的栅栏;
b) 雨量计的结构和技术要求,应符合《降水量观测规范》(SL 21)的有关规定;
c) 雨量计的安装高度应为 0.7 m,杆式雨量计的安装高度不应超过 4 m;
d) 雨量计应固定安置于埋入土中的圆形木柱或混凝土基柱上,基柱埋入深度应为地面以下 1.0 m,基柱顶部平整度偏差不应大于 3 mm,承雨器口应保持水平,应使用带圆环的铁架套住雨量计,铁架应用螺钉或螺栓固定在基柱上;
e) 宜在雨量计口安装防风圈;
f) 雨量计安装后,承水器口应保持水平;
g) 宜定期对雨量计进行清理,防止杂物堵塞。

7.2.13 现场视频设备安装及调试应符合下列规定:
a) 摄像机镜头不应正对太阳光直射,镜头视场内不应有遮挡监视目标的物体;镜头应从光源方向对准监控范围,摄像机转动过程中不应逆光摄像;
b) 室外视频设备应安装防雷击设施;
c) 摄像机清晰度和灰度应采用测试卡测试;
d) 应检查和测试视频监控装置的联动性能;
e) 视频记录机的录像质量不应低于 4 级,并应具备图像自动存储功能;
f) 若摄像头需配备云台,则云台安装应符合下列规定:
 1) 云台转动角度应满足监控范围要求,转动应平稳、制动应无回程;
 2) 云台安装高度,室内距地面不宜低于 2.5 m,室外距地面不宜低于 3.5 m;室外宜采用立杆安装,立杆强度应满足摄像机的使用要求;
 3) 摄像机应稳固安装在云台上,所留尾线长度不应影响云台转动,应对尾线采取保护措施。

7.2.14 应对监测自动化采集系统进行保护,具体要求如下:
a) 系统应采用专用电源供电,不应直接用现场照明电源,系统电源应有稳压及电压保护措施,以避免受当地电源波动过大的影响,可采用太阳能或风能供电;
b) 系统应有可靠的防雷电感应措施,系统接地应可靠,接地电阻应满足电气设备接地要求;
c) 电缆应加以保护;
d) 设备应予以封闭,以利防盗;
e) 监测仪器应采取防水、防尘措施。

8 数据采集与组织

8.1 一般规定

8.1.1 数据采集方式包括自动数据采集方式和人工数据采集方式。

8.1.2 数据采集和传输系统应尽量实现自动采集与远程传输功能,并可通过配套软件对数据采集和传输功能的关键参数进行远程配置和调整。

8.1.3 人工数据采集在应急及施工期等短期监测中应用较多,同时也可作为自动监测数据采集的有效补充及对比性参考。

8.1.4 数据采集与传输系统宜选用兼容性、耐久性和环境适应性好,且便于维修和更换的设备,并根据现场条件采取适当的防水、防尘、防雷及防人为损坏等措施。

8.2 自动数据采集基本要求

8.2.1 监测设备在无人值守的条件下能够连续工作并自动采集各类传感器的输出信号。

8.2.2 监测设备应支持人工干预采集数据,可接收远程平台发出的命令设定和监测参数。

8.2.3 监测设备应支持实时同步数据采集，具备数据本地自动保存功能和网络恢复重新回传功能，以确保监测数据的完整性。

8.2.4 监测设备应具有电源管理、电池供电和掉电保护功能，野外供电需根据当地最大连续阴雨天数确定供电能力。

8.2.5 监测设备应具有自诊断和定时重启功能，防止死机等偶然故障影响设备运行。

8.2.6 监测数据传输形式可采用通用分组无线服务技术(GPRS)数据流量、远距离无线电(LoRa)局域网、北斗/卫星信号等，具体技术要求见表11。

表11 传输设备分类及技术要求

传输类型	特点	适应环境	代表性设备	技术指标要求
GPRS数据流量	费用低、传输及时准确，在GPRS终端资源不足时无法回传数据	单帧数据量大，网络环境良好	EC20模组	支持2G/3G/4G，单帧数据量大于10k，传输速率大于140 Mbps，支持SMS
LoRa局域网	在同样的功耗条件下比其他无线方式传播的距离更远，实现了低功耗和较远距离的统一	单帧数据量小，无网络，传输距离短	LoRa模组	低功耗，电流小于3 μA，传输距离大于10 km，传输速率不小于10 kbps
北斗/卫星信号	初步具备区域导航、定位和授时能力，定位精度为10 m，测速精度为0.2 m/s，授时精度为10 ns	单帧数据量较大，无大型建筑物或冰面，有卫星信号	北斗通信设备	频率范围为1616 MHz ± 10 MHz，阻抗为50 Ω，驻波比不大于1.5，增益为3.5 dbic，定位精度小于北斗系统误差

8.2.7 监测设备采集数据时宜自动进行误差处理，可根据采集的监测数据进行初步筛选，校正明显的错误，剔除外力因素干扰产生的不合理数据。

8.2.8 仪器设备更换后，需保证数据前后期的正确衔接。

8.3 人工数据采集基本要求

8.3.1 应根据不同监测仪器及方法适时采集相关数据，并及时整理分析。

8.3.2 现场的监测数据采集应符合下列规定：
 a) 使用正式的监测记录表格(见附录A)；
 b) 监测记录应有相应的工况描述；
 c) 监测数据应及时整理，并分析和评价其变化发展情况；
 d) 外业监测值和记事项目应在现场直接记录于监测记录表中；
 e) 任何原始记录中错误数据的更改应在旁边重新记录正确数据并签名；
 f) 监测数据出现异常时，应分析原因，必要时应重新测量。

8.4 数据传输格式

8.4.1 GPRS数据传输格式宜为1200 bps～28800 bps可选，数据传输应为透明传输，并能自动转换TCP/IP协议。数据传输模块可采用与无线传输一体化设计，并与组态软件无缝连接，具备多中心同步传输和大容量本地存储的功能。

8.4.2 北斗/卫星信号传输应满足发送设备使用的波特率与接收设备相一致,并能按照接收设备的能力进行调整。

8.4.3 LoRa 网关传输应兼容三大运营商的蜂窝网络、LoRa 网络和 WiFi 网络,并可实现 LoRa 转串口、LoRa 转网口、LoRa 转 WiFi、LoRa 转 2G/3G/4G 网络和 TCP/IP 协议。

8.5 系统集成及管理

8.5.1 系统集成应根据监测系统整体要求,确保各子系统或模块之间的兼容性、数据传输可靠性、系统整体稳定性、环境适应性、可扩展性和技术先进性。

8.5.2 监测系统应保证前端调理电路的设计与各种传感器的输出信号接口相匹配。

8.5.3 系统数据采集应具备可将模拟量转换成数据量的功能,以便于数据处理,其微控制器能满足采集终端高速稳定长期运行。

8.5.4 传感器与监测系统之间的通信线路宜采取抗干扰措施,包括串模干扰抑制、共模干扰抑制以及接地和屏蔽技术,以提高信噪比,确保监测数据准确。

8.5.5 在光照条件差的地区,监测终端布设时应适量增加蓄电池数量和太阳能板功率,确保监测终端长期运行。

8.5.6 监测系统应能对每个设备进行相应的编号,便于后期设备查询及数据处理显示。

8.6 数据展示与分析

8.6.1 监测数据整理应对各种监测数据进行综合整理归纳和分析、研究,找出它们之间的内在联系和规律性,及其与自然条件、地质环境和各种因素之间的关系,对监测工点的稳定性做出正确的评价,对其变形破坏和活动做出正确的预警。

8.6.2 应根据监测数据类别分别建立相应的监测数据库,如利用不同传感器建立对应的解析关系库,同时能自动利用中值滤波、移动平均等算法进行粗差剔除,以便后续数据分析处理。

8.6.3 应建立资料分析处理平台。监测预警平台应具备传感数据采集、管理、解析、分析、查询、相关数据输入输出等功能,终端设备应具备传感器位置信息管理、电量信息管理、在线情况统计、后台指令发送等功能。监测数据展示应以时程曲线、波形曲线、柱状图、散点图等为主,可支持不同监测数据的叠加,以便于进行相关性分析,以及同类监测项数据不同时间段的对比分析。

8.6.4 监测预警平台可通过客户端、手机 App 及微信小程序等查看数据,人机交互界面应具备历史和实时数据图表显示、数据下载功能、预警信息显示查询及短信推送、远程升级和控制等功能。

8.6.5 监测数据时程曲线可基于移动平均法或最小二乘法等方法进行平滑预处理,便于获取数据的整体变化趋势。

8.6.6 监测数据的分析可采用回归分析法、时间序列法、机器学习法、深度学习法等,并建立监测数据的发展趋势关系。

8.6.7 路堤、边坡、滑坡的变形预测分析应以位移监测数据为核心,根据累计位移、变形速率、加速度的变化情况,结合其他监测资料,采用定性与定量预测方法耦合方式并选取合适的预测模型进行预测。

8.7 系统维护

8.7.1 监测设备应进行系统维护,包括日常维护、定期维护、故障维护、专项维护共四类,具体含义如下。

    a) 日常维护:对监测系统设备设施的日常检查与维护。

    b) 定期维护:定期对监测系统设备设施进行全面检查和保养,排除潜在隐患,确保系统能长期正常稳定运行。

c) 故障维护：处理日常或定期维护中发现的异常状况或故障，包括硬件设备的修理或更换、软件的恢复升级或重新安装等。
d) 专项维护：在灾害和突发事件发生后，为保障或恢复系统正常运行而开展的针对性系统排查和维护工作。

8.7.2 监测设备应具备远程升级维护功能。远程升级维护应具备可定期更新系统程序、通过服务器平台将程序发送到各个终端设备、由各个终端设备自动识别程序文件并更新程序等功能。

8.7.3 监测设备应满足人工维护要求。故障发生或定期巡检时，维修人员能及时到达故障发生地实地检修故障设备。也可将人工维护与远程升级维护相结合，以降低维修成本。

9 记录报告与安全预警

9.1 一般规定

9.1.1 数据智能优化应能剔除异常数据，保证数据质量。

9.1.2 数据管理应具备标准化读写接口，考虑数据结构化、安全性、可扩展性、便捷性等方面。

9.1.3 数据分析应形成基于智能监测数据的安全状态分析报告，每年不少于一次，分析结果可用于辅助安全预警及评估。

9.1.4 智能监测预警值可根据不同监测内容进行设置。

9.1.5 当路堤或边坡遭受地震、滑坡、泥石流、周边工程扰动事件后，应加密采集频率，并形成专项评估报告。

9.2 记录报告

9.2.1 对原始监测数据应做如下检查，并对检查中发现的问题在现场逐一解决：
a) 现场作业方法是否符合要求；
b) 各项监测数据的检查结果是否在限差以内；
c) 数据记录是否准确、齐全、清晰（记录表格参见附录A、附录B）。

9.2.2 监测资料的日常整理分析相关要求如下：
a) 根据检查合格的监测数据计算出相应的监测物理量（水平位移、垂直位移、裂缝宽度、降雨量和地下水位等），并记入相应的记录表中（记录表格参见附录B）；
b) 绘制和分析监测物理量过程线、分布图及变形关系曲线；
c) 进行监测物理量特征值的统计，其中主要含各监测物理量的最大值和最小值（包括出现的时间）、周期等。

9.2.3 对监测物理量应随时进行如下分析：
a) 监测物理量随时间、空间变化的规律性；
b) 监测物理量统计特征值的规律性；
c) 监测物理量间的相关性；
d) 从分析中获得监测物理量变化稳定性、趋势性及其今后可能给工程带的不利影响，为后续对边坡稳定性进行有效预测。

9.2.4 应按规定间隔时间（日、旬、月、季、半年、年）对数据库内的监测数据等资料进行分析统计，计算特征值，如求和、最大值，最小值，平均值等，并分类建档。

9.2.5 按监测内容和方法分类，对各类监测资料分别进行人工曲线标定和计算机曲线拟合，编制相应的图件。重要图件包括：

a) 对绝对位移监测资料应编制水平位移、垂向位移矢量图及累计水平位移、累计垂向位移矢量图,上述两种位移量叠加在一起的综合性分析图,位移(某一监测点或多测点水平位移、垂向位移等)历时曲线图;对相对位移监测资料应编制相对位移分布图、相对位移历时曲线图等;
b) 对地表水、地下水监测资料应编制地表水水位、流量历时曲线图,地下水位历时曲线图,土体含水量历时曲线图,孔隙水压力历时曲线图,泉水流量历时曲线图;
c) 对气象监测资料应编制降水历时曲线图、气温历时曲线图、蒸发量历时曲线图,以及不同雨强等值线图等。

9.2.6 监测技术报告是对监测过程的记录,应内容全面、文字简洁、数据完整、客观公正,提出的针对性措施具有可操作性。

9.2.7 监测技术报告应按照档案管理规定组卷归档。

9.2.8 监测技术报告内容应包括下列内容。

a) 工程概况:
  1) 自然条件;
  2) 工程地质环境分析;
  3) 施工概况;
  4) 防治工程设计方案。
b) 监测依据:
  1) 国家相关法律法规;
  2) 国家相关部门和行业标准、规范、指南、办法等;
  3) 政府相关管理文件。
c) 监测项目及监测方法:
  1) 监测内容和监测参数的选定;
  2) 监测技术及监测设备的选定,以及设施管理维护、完好率、变更情况;
  3) 监测频率。
d) 监测断面选择与监测点布设:
  1) 监测点边坡基本状况,存在或可能发生的病害或灾害及其特征、发生机理;
  2) 监测点的布设原则;
  3) 监测点位布设情况;
  4) 监测点位附近的地质概况、气象条件、水文地质条件、地震烈度等。
e) 监测记录与分析:
  1) 监测数据采集、整理;
  2) 数据预处理、分析、预测及主要成果,并附主要监测要素曲线图、对比曲线图;
  3) 监测结果汇总;
  4) 边坡预警报告方法。
f) 监测结论:
  1) 边坡安全状况综合评价;
  2) 监测等级汇总;
  3) 重大风险存在的监测点位;
  4) 针对风险点位的措施及建议;
  5) 总结监测结果的科学性、可行性及合理性。

9.2.9 监测技术报告的格式应包括下列内容:
a) 封面(包括监测地点名称、报告完成日期、监测组长签名);
b) 著录项(监测人员名单,并应亲笔签名);

c) 目录；
d) 编制说明；
e) 正文；
f) 附件。

9.3 安全预警

9.3.1 路堤、边坡的变形预测预警可采用深部位移速率、地表位移速率、坡体控制性裂缝的发展速率及临界降雨强度等作为主要预警指标，并根据坡体类型、变形特征、发展趋势及威胁对象等，综合确定各级预警值。

9.3.2 路堤、边坡预警级别分为注意级、警示级、警戒级、警报级，其警报形式及与变形阶段的对应关系见表12。

表12 预警级别与变形阶段对应关系表

变形阶段	等速变形阶段	初加速阶段	中加速阶段	加加速（临滑）阶段
预警级别	注意级	警示级	警戒级	警报级
警报形式	蓝色	黄色	橙色	红色

注：《中华人民共和国突发事件应对法》中明确规定，可以预警的自然灾害、事故灾难和公共卫生事件的预警级别，按照突发事件发生的紧急程度、发展势态和可能造成的危害程度分为一级、二级、三级和四级，分别用红色、橙色、黄色和蓝色标示。结合地质灾害四级预警机制，将加速变形阶段进一步细分为初加速、中加速、加加速（临滑）等三个亚阶段，并建立边坡预警级别与斜坡变形阶段的对应关系。

9.3.3 灾害点管理单位或监测单位负责预警信息发布工作。监测单位接受监测任务时，应与委托方商定不同级别险情预警信息的报送人、报送途径和方式、接收人、预警信息发布途径，以及抄送的单位和个人。

9.3.4 灾害点管理单位应针对不同的预警级别提前制订相应的响应措施。

9.3.5 公路地质灾害险情信息的蓝色及黄色预警信息可公开发布；橙色及红色预警应经相关程序后向社会公开发布。

9.3.6 线上预警信号宜通过语音电话、短信、监测平台、App等方式向管理人员发布；线下预警信号可采用标志标牌、闪烁光、报警器、信号灯、信号弹、锣鼓和哨音等。预警信号的设置宜与预警等级对应。

9.3.7 经行业主管部门授权后，可通过交通台、可变信息标志、12122服务电话、微博、微信、网站、邮件等多种方式向社会发布预警信息，提醒驾驶人员注意安全，减速慢行或绕道行驶。

附 录 A
（资料性）
变形监测记录样表

变形监测记录样表见表 A.1。

表 A.1 变形监测记录

观测项目：　　　　　　　　☐ 水平位移　　　　　　　　☐ 垂直位移
工程名称：　　　　　　　　　　　　　　　　　　　　　　编号：

测点编号	初测日期	初测值(m)	日期：			日期：			日期：		
			观测值(m)	位移量(mm)		观测值(m)	位移量(mm)		观测值(m)	位移量(mm)	
				本次	累计		本次	累计		本次	累计

技术员：　　　　　分项技术负责人：　　　　　监理工程师：　　　　　日期：

附 录 B
（资料性）
监测报表样表

监测报表样表见表B.1～表B.7。

表 B.1 （监测项目名称）地表水平位移和地表垂直位移监测报表

第　　次

第　页，共　页

工程名称：　　　　　　　　里程桩号：　　　　　　　　天气：
监测单位：　　　　　　　　报表编号：　　　　　　　　测试时间：

测点编号	水平位移				垂直位移				备注
	本次测试值（mm）	本次变化量（mm）	累计变化量（mm）	变化速率（mm/d）	本次测试值（mm）	本次变化量（mm）	累计变化量（mm）	变化速率（mm/d）	
现场施工情况：					当日监测简要分析及判断性结论：				

观测：　　　　　　　　　　计算：　　　　　　　　　　校核：

表 B.2 （监测项目名称）深部水平位移监测报表

第　　次

第　页,共　页

工程名称：　　　　　　　　里程桩号：　　　　　　　　天气：
监测单位：　　　　　　　　报表编号：　　　　　　　　测试时间：

测点编号	深度(m)	本次测试值(mm)	本次变化量(mm)	累计变化量(mm)	变化速率(mm/d)	备注

现场施工情况：	当日监测简要分析及判断性结论：

观测：　　　　　　　　　　计算：　　　　　　　　　　校核：

表 B.3 （监测项目名称）地下水位监测报表

第　　次

第　　页,共　　页

工程名称：　　　　　　　　　里程桩号：　　　　　　　　　天气：
监测单位：　　　　　　　　　报表编号：　　　　　　　　　测试时间：

测点编号	初始高程（m）	本次高程（m）	本次变化量（mm）	累计变化量（mm）	变化速率（mm/d）	备注

现场施工情况：	当日监测简要分析及判断性结论：

观测：　　　　　　　　　　计算：　　　　　　　　　　校核：

表 B.4 （监测项目名称）裂缝监测报表

第　　次

第　　页,共　　页

工程名称：　　　　　　　　　　里程桩号：　　　　　　　　　天气：
监测单位：　　　　　　　　　　报表编号：　　　　　　　　　测试时间：

测点编号	走向	观测点	内容	本次测试值（mm）	本次变化量（mm）	累计变化量（mm）	变化速率（mm/d）	备注
			长度					
		1	宽度					
			深度					
		2	宽度					
			深度					
			长度					
		1	宽度					
			深度					
		2	宽度					
			深度					

现场施工情况：	当日监测简要分析及判断性结论：

观测：　　　　　　　　　　计算：　　　　　　　　　　校核：

31

表 B.5 (监测项目名称)土压力/支挡结构应力/孔隙水压力监测报表

第　　次

第　页,共　页

工程名称:　　　　　　　　里程桩号:　　　　　　　　天气:
监测单位:　　　　　　　　报表编号:　　　　　　　　测试时间:

测点编号	深度 (m)	本次测试值 (kPa)	本次变化量 (kPa)	累计变化量 (kPa)	变化速率 (kPa/d)	备注

现场施工情况:	当日监测简要分析及判断性结论:

观测:　　　　　　　　计算:　　　　　　　　校核:

表 B.6 （监测项目名称）锚杆/锚索内力监测报表

第　　次

第　　页,共　　页

工程名称：　　　　　　　　里程桩号：　　　　　　　　天气：
监测单位：　　　　　　　　报表编号：　　　　　　　　测试时间：

测点编号	本次测试值（kN）	本次变化量（kN）	累计变化量（kN）	变化速率（kN/d）	备注

现场施工情况：	当日监测简要分析及判断性结论：

观测：　　　　　　　　计算：　　　　　　　　校核：

表 B.7 （监测项目名称）现场巡检报表

第　　次

第　　页，共　　页

工程名称：　　　　　　　里程桩号：　　　　　　　天气：
监测单位：　　　　　　　报表编号：　　　　　　　巡检时间：

巡视对象	现场巡检内容	现场巡检结果	备注
边坡岩土体及地下水	边坡地表新裂缝、坍塌		
	边坡地表变形		
	边坡地表新的地下水出露点、水流量大小		
	其他		
支挡结构	支挡结构裂缝		
	支挡结构间渗漏		
	支挡结构后侧岩土体裂缝、下陷或滑移		
	地表及地下排水系统完好、畅通		
	其他		
周边环境	邻近建（构）筑物变形、裂缝		
	邻近地下管线区域地表异常		
	其他		
施工情况	分层开挖或填筑暴露时间		
	边坡周边堆载或超载情况		
	边坡周边地表积水		
	其他		
当日巡视简要分析及判断性结论			

巡视：　　　　　　　分析：　　　　　　　校核：